LA LOI DU 11 JUIN 1880

SUR LES

TRAMWAYS-VAPEUR

(VOYAGEURS ET MARCHANDISES)

SON APPLICATION EN ALGÉRIE

PAR

M. EUGÈNE CARPENTIER

PROPRIÉTAIRE A BONE (ALGÉRIE)

AUTEUR D'UN PROJET DE TRAMWAY-VAPEUR (VOYAGEURS & MARCHANDISES), DE BONE A LA CALLE & KEF-OUM-THEBOUL.

BONE

TYPOGRAPHIE ALEXANDRE CARLE

1880

LA LOI DU 11 JUIN 1880

SUR LES

TRAMWAYS-VAPEUR

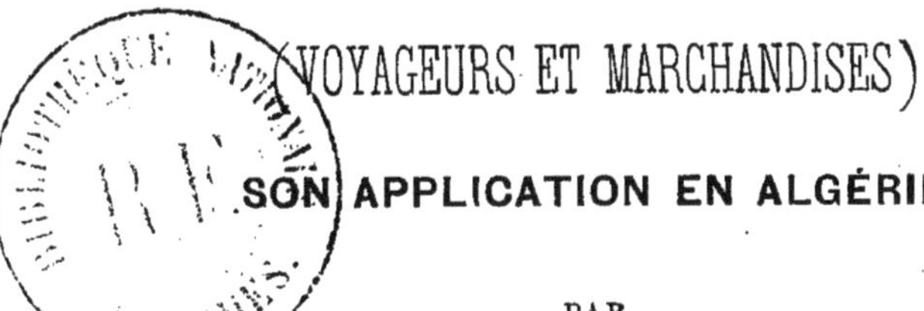

(VOYAGEURS ET MARCHANDISES)

SON APPLICATION EN ALGÉRIE

PAR

M. EUGÈNE CARPENTIER

PROPRIÉTAIRE A BONE (ALGÉRIE)

AUTEUR D'UN PROJET DE TRAMWAY-VAPEUR (VOYAGEURS & MARCHANDISES), DE BONE A LA CALLE & KEF-OUM-THEBOUL.

BONE

TYPOGRAPHIE ALEXANDRE CARLE

1880

LA LOI DU 11 JUIN 1880

SUR

LES TRAMWAYS-VAPEUR

(VOYAGEURS ET MARCHANDISES)

SON APPLICATION EN ALGÉRIE

SOMMAIRE. — I. Exposé de la question; — II. La loi en elle-même; — III. Conséquences de la loi en France; — IV. Application et conséquences de la loi en Algérie; — V. Type rationnel d'un tramway-vapeur à voyageurs et marchandises en Algérie.

I.

EXPOSÉ DE LA QUESTION.

Les chemins de fer ont rencontré, à leur origine, de formidables oppositions. Certains intérêts privés menacés eurent recours aux arguments les plus absurdes pour les combattre. Il faut reconnaître que ces intérêts furent puissamment aidés par des hommes éminents qui, dans cette circonstance, firent preuve d'extraordinaires aberrations d'esprit. C'est ainsi, — pour ne citer que les plus illustres, — qu'à l'Académie des Sciences, Charles Dupin déclarait que les locomotives ne pourraient avancer, qu'elles patineraient sur place !

plus tard, M. Thiers disait que les chemins de fer ne seraient jamais bons qu'à servir de joujoux aux Parisiens dans leurs promenades de banlieue; enfin, un savant illustre, Arago, donnant, hélas! la mesure du degré d'absurdité que peut atteindre l'opposition quand même, affirmait imperturbablement, dans un rapport célèbre, que les voyageurs en chemin de fer seraient atteints de fluxions de poitrine en traversant les tunnels!

On put bien retarder l'exécution des chemins de fer; mais ils se firent : les locomotives roulèrent, le rail couvrit la France entière de ses réseaux, et si les chemins de fer tuèrent çà et là quelques personnes, ce n'a jamais été pour cause de chaud et froid. Depuis leur création, les voies ferrées ont plus que décuplé la fortune privée, ils ont accru, dans des proportions immenses, la fortune publique.

Cependant, les chemins de fer construits ne suffisent plus : en France, des espaces considérables en sont privés; — on essaie d'y pourvoir; — l'État fait de grands sacrifices pour compléter le réseau national des grandes voies ferrées; mais, dans bien des contrées, il faut y renoncer : les dépenses à faire seraient trop disproportionnées avec les produits à espérer et les services à rendre.

D'ailleurs, les chemins de fer, tels que nous les connaissons, ne peuvent répondre aux besoins nouveaux : il leur est impossible d'aller au fond des campagnes, aux fermes et aux usines les plus écartées des grandes voies pour y ramasser économiquement le solde des produits nationaux. Ils y viendraient avec leurs immenses appareils de gares, de ponts, de tunnels, de viaducs, de chemins de raccords; avec leur formidable état-major de fonctionnaires, leur armée d'employés de toutes sortes et de tous rangs. Cela coûterait beaucoup trop de millions et n'éviterait pas les dispendieux charrois des fermes et des usines aux gares. Pourtant, c'est précisément là où le chemin de fer actuel ne peut pénétrer utilement qu'une production agricole, manufacturière, industrielle considérable aurait le plus besoin de moyens de transports à bas prix pour se produire, fructueusement, sur les marchés français et étrangers.

Pour répondre aux besoins que nous venons d'indiquer il fallait imaginer un système de chemin de fer dont la construction ne coûtât pas plus de 30 à 40 mille francs le kilomètre et qui évitât tout charroi, tout camionnage, tous frais inutiles aux produits agricoles et industriels en les prenant au lieu de leur naissance pour les conduire à la gare la plus prochaine, au port le plus voisin.

Tel était le problème à résoudre. Problème dont la solution s'imposa brutalement lorsqu'on vit certains produits français impuissants à lutter sur le marché national contre des produits similaires étrangers! lorsqu'on vit arriver du fond de l'Amérique des blés se vendant en France moins chers que les blés français !

La cause principale du haut prix de certains produits français se trouve dans les frais de transport qui pèsent lourdement sur eux.

Le coût des transports se divise en deux parts : ce qu'il faut payer aux chemins de fer et ce qu'il faut dépenser pour arriver des lieux de production aux gares des voies ferrées.

Ce que coûte le transport par chemin de fer, n'en parlons pas ! — l'heure n'en est pas encore venue —

mais, retenons la dépense occasionnée par les charrois des lieux de production aux gares : là est le problème actuel.

Les charrois ruinent l'industrie et l'agriculture françaises en prélevant sur elles le plus clair du net résultat sans rien ajouter à la valeur des produits ; — chacun le reconnait sauf, bien entendu, les entrepreneurs de transports. — Comment obvier à un pareil état de choses ? On ne peut pratiquement et économiquement établir un chemin de fer pour chaque usine, pour toutes les fermes ? — qui sait, dirent des hommes d'initiative ; — certainement, ajoutèrent quelques hommes pratiques, cherchons et nous trouverons.

On chercha et l'on trouva une chose bien simple, — ce n'était pas plus difficile que l'œuf de Cristophe Colomb; mais, comme pour l'œuf, il fallait y avoir pensé ; — on trouva que le problème serait résolu en établissant des *chemins de fer sur routes à traction de vapeur, transportant des voyageurs et des marchandises.* Chemins sans gares déterminées, sur lesquels les trains s'arrêteraient selon les besoins du voyageur et de la marchandise, dans chaque village traversé, devant chaque ferme, devant la moindre usine, en plein champ même.

Des esprits à courte vue, des fractions de savants (mieux vaudrait de sages ignorants), accueillirent par un rire éclatant cette solution. — Ceux qui critiquèrent le nouveau système proposé de chemins de fer et qui le saluèrent de leurs quolibets n'étaient ni des Charles Dupin, ni des Thiers, ni des Arago, nous le reconnaissons volontiers : espérons cependant qu'ils imiteront leurs illustres devanciers qui vinrent promptement à récipiscence et furent les plus agréables moqueurs de leurs erreurs.

Quoi qu'il en soit, après bien des tâtonnements, le type définitif du nouveau système de chemin de fer fut arrêté.

Il se trouva alors un homme qui, étant au pouvoir, sut échapper (chose rare), aux influences de la science officielle ! M. de Freycinet, ministre des travaux publics, après avoir interrogé les Conseils généraux et des hommes compétents, déposa au Sénat le 29 avril 1878, un projet de loi destiné à régler le mode de concession de *Chemins de fer qui seraient établis sur routes* et à déterminer la quotité de la garantie que l'État et les départements accorderaient aux capitaux nécessaires à la construction de ces chemins : le dépôt de ce projet était déjà un triomphe pour le nouveau systême de chemin de fer. (1)

Ce projet de loi a eu de longues vicissitudes. Il n'a pas fait de bruit dans les journaux, on en a guère parlé dans les cercles politiques, mais il a donné bien de la besogne aux commissions du Sénat et de la Chambre

(1) Constatons ici que le Conseil général de Constantine, dans sa séance du 15 avril 1878, — *quatorze jours* avant le dépôt au Sénat de la loi Freycinet, — renvoya à M. le Préfet de Constantine un projet de chemin de fer sur routes à établir entre Bône et La Calle pour qu'il fut procédé à l'enquête de façon que le projet complètement étudié put être soumis au Conseil général dans sa prochaine session. Ajoutons que M. le Préfet, pour obéir au Conseil général, informa l'auteur de ce projet, le 8 mai 1878, que sa demande de concession serait soumise à la formalité de l'enquête dès qu'il aurait remanié son projet dans le sens des observations de MM. les Ingénieurs des Ponts et chaussées. — Ce qui prouve que le Conseil général, M. le Préfet de Constantine et MM. les Ingénieurs des Ponts et chaussées de la région croyaient qu'il y avait quelque chose à faire, d'accord ainsi avec M. de Freycinet, ministre des travaux publics.

des députés nommées pour les examiner ! et le ministère des travaux publics a eu fort à faire. Deux fois la loi a été discutée au Sénat et deux fois aussi à la Chambre. Ces discussions et les travaux des commissions ont retenu la loi en suspens pendant plus de deux années. Enfin, éclairée par les travaux des commissions, par les mémoires fournis par des hommes compétents, par la discussion publique, remaniée de fond en comble, tous les mots pesés et épluchés avec soin, la loi est enfin sortie de son laminoir et, ratifiée le 11 juin 1880 par le Président de la République, elle a été promulguée le lendemain dans le *Journal Officiel*.

II.

LA LOI EN ELLE-MÊME.

Nous ne voulons pas examiner intégralement la loi du 11 juin 1880 ; nous entendons nous restreindre aux articles capitaux de la loi, à ceux qui déterminent la portée qu'elle doit avoir selon l'intention du Législateur.

Nos lecteurs trouveront, d'ailleurs, à la suite de cet opuscule, le texte complet de la loi.

Nous avons dit que, le 29 avril 1878, M. de Freycinet, Ministre des Travaux publics, déposa au Sénat un projet de loi sur les *Chemins de fer sur routes*. Dans son double voyage du Sénat à la Chambre des Députés et de cette Chambre au Sénat, ce projet de loi perdit son individualité et devint le Chapitre II d'une *Loi relative aux chemins de fer d'intérêt local et aux tramways.*

Le Chapitre Ier de cette loi est consacré entièrement aux chemins de fer d'intérêt local et remplace, en l'abrogeant, la loi du 12 juillet 1865 ; — nous n'avons pas à nous en occuper.

Dans le Chapitre II, relatif aux tramways, nous retenons seulement les articles 27, 29 et 36 qui condensent tout l'esprit de la loi, qui en déterminent exactement le but.

L'article 27 règle par qui les concessions pourront être accordées :

Par l'Etat, lorsque la ligne doit être établie TOUT OU EN PARTIE *sur une voie dépendant du domaine de l'Etat.*

Cette disposition a pour but de réserver à l'Etat seul la faculté d'accorder une concession de tramway du moment que le tracé suit, *en partie*, une voie du domaine de l'Etat. Qu'importe qu'elle emprunte dans le reste de son tracé des voies départementales ou communales : l'Etat est seul juge. — Cette disposition a été introduite dans la loi pour que des oppositions tracassières ou intéressées ne puissent se servir, en les abusant, des Conseils généraux ou des Conseils municipaux pour entraver l'exécution de projets estimés d'utilité publique par l'Etat.

La concession est accordée par le Conseil général au nom du département, lorsque la voie ferrée, SANS EMPRUNTER UNE ROUTE NATIONALE, *doit être établie,* EN TOUT OU EN PARTIE, *soit sur une route départementale, soit sur un chemin de grande communication ou d'interêt commun, ou doit s'étendre sur le territoire de plusieurs communes.*

La pensée du Législateur persiste ici. Il veut toujours

éviter des oppositions tracassières ou intéressées, et il arme le Conseil général de la souveraine omnipotence pour concéder des tramways d'*intérêt départemental*, sans qu'il soit tenu d'avoir égard aux avis contradictoires des Conseils municipaux des diverses communes traversées par les voies projetées. Le Législateur a édicté ces dispositions pour éviter des discussions sans fin sur des questions de tracé qui n'ont, ordinairement, d'autre résultat que d'ajourner indéfiniment des projets de la plus haute utilité, lorsque les contradicteurs intéressés ont voix délibérative.

La concession est accordée par le Conseil municipal lorsque la voie ferrée est établie entièrement sur le territoire de la commune et sur un chemin vicinal ordinaire ou sur un chemin rural.

Ici, la commune triomphe ! elle est maîtresse chez elle, elle y fait ce qu'elle veut, donne ou refuse les concessions selon la volonté toute puissante du Conseil municipal.

Cet article 27 comme tout le Chapitre II de la loi s'applique aux tramways, qu'ils ne transportent que des voyageurs, ou que, mue par des moteurs mécaniques, ils transportent en même temps des voyageurs et des marchandises.

Cependant, cet article 27 pouvait donner ouverture à des périls, à un excès de décentralisation, à une autonomie abusive des départements et des communes en matière de tramways avec ou sans vapeur et, par suite, à une orgie de concessions inutiles grevant les budgets départementaux et communaux, même celui de l'État, de charges ne trouvant aucune compensation dans les services rendus.

Pour obvier à tous ces inconvénients réels ou imaginaires, on introduisit dans la loi l'article 29 que nous transcrirons ici textuellement :

Aucune concession ne peut être faite qu'après une enquête dans les formes déterminées par un réglement d'administration publique et dans laquelle les Conseils généraux des départements et les Conseils municipaux des communes dont la voie doit traverser le territoire, seront entendus lorsqu'il ne leur appartiendra pas de statuer sur la concession. L'utilité publique est déclarée et l'exécution est autorisée par décret délibéré en conseil d'Etat sur le rapport du Ministre des travaux publics, après avis du Ministre de l'intérieur.

Cet article 29 est complet ; il reconstitue l'unité nationale un instant menacée ! Si les communes et les Conseils généraux voient leurs projets de concessions soumis à une enquête, l'État se dépouille de son omnipotence ; il s'incline sous la règle commune, il consent à ce que les concessions, dont il s'est réservé le monopole, soient soumises à une enquête dans laquelle les Conseils généraux des départements et les Conseils municipaux des communes, dont les voies doivent traverser les territoires, seront entendus lorsqu'il ne leur appartiendra pas de statuer sur la concession ! — Ce n'est pas tout, et c'est là le couronnement de l'édifice. — Que les concessions soient données par l'État ou par le Conseil général au nom du département ou par la commune, le Conseil d'État seul déclare l'utilité publique des concessions de tramways et en autorise l'exécution par décret, sur le rapport du Ministre des travaux publics après avis du Ministre de l'intérieur.

C'est le triomphe de l'unité centralisatrice en matière de travaux publics !

Des esprits chagrins diront que cet article 29 réduit les Conseils généraux et les Conseils municipaux à n'être plus que des donneurs d'avis ou des postulants impuissants ; c'est une erreur, qu'ils ne se hâtent pas trop de crier : *Vive la commune!* Nous croyons que dix-neuf fois sur vingt, les avis des Conseils généraux et des Conseils municipaux seront écoutés et que leurs concessions de tramway seront homologuées par le Conseil d'État dans les mêmes proportions.

Notre conviction est que l'article 29 n'a été imaginé que pour débarrasser des ordres du jour des Conseils généraux et des Conseils municipaux des projets absurdes autant qu'impraticables, leurs auteurs reculant devant le terrible *veto* du Conseil d'État et surtout devant les frais que cela coûte. Heureux Conseils généraux ! heureux Conseils municipaux ! les voilà fort à l'aise ! Qu'un fâcheux influent leur demande une concession impossible à force d'être exclusivement d'intérêt personnel, que, cédant à des obsessions de toutes sortes, ils l'accordent ; ils seront sans remords, sachant que le Conseil d'État y mettra bon ordre; il faut avouer que la centralisation, même excessive, a du bon.

Quoi qu'il en soit, les articles 27 et 29 ont réglé la procédure à suivre pour l'obtention ou l'octroi de concessions de tramways, rien n'a été oublié, c'est aux auteurs des projets à se soumettre aux règles posées, à présenter des projets parfaitement étudiés et justifiés, mais c'est aussi aux autorités compétentes à accueillir toutes les demandes, à les faire instruire conformément à la loi, sans aucun retard. Les Conseils généraux et les Conseils municipaux seront les premiers obstacles infranchissables opposés aux projets notoirement inutiles à l'intérêt public, et le Conseil d'État sera juge du mérite des demandes de concessions qui auront heureusement triomphé devant les Conseils généraux et les Conseils municipaux, — le tout aux risques et frais des demandeurs.

Mais il n'y avait pas seulement une question de procédure à fixer. Il y avait quelque chose de bien autrement important : il fallait inscrire dans la loi des dispositions telles, que les capitaux privés n'hésitassent pas à se porter dans l'industrie des tramways ; autrement, on pouvait considérer la nouvelle loi comme lettre morte avant d'être promulguée.

Comment déterminer le MILLIARD nécessaire pour couvrir la France de tramways à vapeur, à venir se mettre avec empressement à la disposition de la nouvelle industrie, surtout le lendemain des désastres financiers causés par les chemins de fer d'intérêt local ? Donner la garantie de l'État, sans doute, mais l'État lui-même avait aussi à redouter l'abus qu'on ferait de sa garantie, ainsi que cela avait eu lieu précisément dans les affaires de chemins de fer d'intérêt local dont nous venons de parler !

On discuta beaucoup sur cette question de garantie, on peut même dire que si les deux Chambres eurent deux fois à voter sur la loi, c'est cette question qui en fut cause. Que de discours fit-elle prononcer ! Que de fois les commissions se réunirent pour l'examiner et pour entendre les observations du Gouvernement ! Que de mémoires lui durent le jour ! Il faudrait un volume rien que pour donner le sommaire de tous les avis, de tous les arguments, de tous les discours, de tous les écrits qui se produisirent à cette occasion.

Nous renonçons à faire ce travail, nous croyons plus utile de dire à quel résultat tous ces débats aboutirent.

Ce résultat, c'est l'article 36 de la loi — disons tout de suite que cet article 36 est toute la loi, car sans lui, elle n'aurait pas de raison d'être ; ajoutons que selon nous cet article 36 répond à peu près à toutes les données du problème à résoudre, en ce sens qu'il donne satisfaction et garantie à tous les intérêts en jeu. — Nous allons examiner cet article de la loi, mais avant, nous jugeons utile pour éclairer notre discussion, de le reproduire, le voici :

Lors de l'établissement d'un tramway desservi par des locomotives et destiné au transport des marchandises, en même temps qu'au transport des voyageurs, l'Etat peut s'engager, en cas d'insuffisance du produit et cinq pour cent (5 p. 100) par an du capital d'établissement, tel qu'il a été prévu par l'acte de concession et augmenté, s'il y a lieu, des insuffisances constatées pendant la période assignée à la construction par ledit acte, à subvenir, pour partie, au payement de cette insuffisance, à condition qu'une partie au moins équivalente sera payée par le département ou par la commune avec ou sans le concours des intéressés.

La subvention de l'Etat sera formée : 1° d'une somme fixe de cinq cents francs (500 fr.) par kilomètre exploité ; 2° du quart de la somme nécessaire pour élever la recette brute annuelle (impôts déduits), au chiffre de six mille francs (6,000 fr.) par kilomètre.

En aucun cas, la subvention de l'Etat ne pourra élever la recette brute au-dessus de six mille cinq cents francs (6,500 fr.) par an.

La participation de l'Etat sera suspendue de plein droit quand les recettes brutes annuelles atteindront la limite ci-dessus fixée.

Cet article 36 parait quelque peu obscur, mais en le lisant avec soin, l'intention bien formelle du Législateur s'en dégage lumineusement.

D'abord, la loi n'entend donner de subvention qu'aux tramways desservis par des locomotives, destinés au transport des marchandises en même temps qu'au transport des voyageurs. Les tramways ordinaires, même ceux qui étant à moteur mécanique ne transporteraient que des voyageurs, sont donc formellement exclus du bénéfice de l'article 36.

En ce qui concerne *les vrais tramways-vapeur*, ceux qui transportent des voyageurs et des marchandises, l'État consent en cas d'*insuffisance* du produit brut pour couvrir les dépenses d'exploitatien et cinq pour cent par an du capital d'établissement, à s'engager à parfaire le déficit, mais à la condition que le département fournira une somme égale à celle donnée par l'État. — Notons que le capital d'établissement du tramway sera prévu par l'acte de concession seulement augmenté des insuffisances constatées pendant la période assignée à la construction ; — en sorte que l'État ne peut avoir à craindre de garantir des dépenses qui pourraient être après coup systématiquement exagérées et que les concessionnaires, de leur côté, n'ont pas à redouter de voir soustraites à la garantie des dépenses non prévues au moment des actes de concessions et cependant reconnues après indispensables à la bonne confection des travaux.

Cependant, l'État craint d'être entraîné au-delà de l'équitable comme garantie, il redoute les chaussestrappes des hommes d'affaires. Dans cet ordre d'idées, l'État pose une limite à sa garantie. Il formera sa subvention d'une somme fixe de 500 fr. par kilomètre exploité et du quart nécessaire pour élever la recette brute annuelle (impôts déduits) à 6,000 fr. par kilomètre, — ce qui fixerait la subvention de l'État à 2,000 fr. par kilomètre et par an, — le département en donnerait autant ; toutefois, ajoute la loi, *la subvention de l'État ne pourra élever la recette brute au-dessus de 6,500 par an* (par kilomètre).

La garantie étant de 2,000 fr. par l'État, d'autant par le département sur une dépense maximum de 6,500 fr. il resterait 2,500 fr. qui ne seraient pas garantis et auxquels les compagnies auraient à pourvoir. Mais les capitaux n'ont pas à s'inquiéter de cet *aléa*. En effet, l'État et le département fournissent 4,000 fr. pour garantir *l'insuffisance* des recettes jusqu'à concurrence des 6,500 fr. ; il résulte de cette rédaction que les compagnies ont le droit d'appliquer *d'abord* la totalité des recettes pour couvrir les dépenses non garanties jusqu'à due coucurrence, c'est-à-dire que les compagnies commenceront par couvrir les charges qui leur incombent, l'État et le département venant à la suite pour combler le déficit entre la recette et la dépense, et n'ayant rien à voir dans les recettes, tant qu'elles ne dépasseront pas 2,500 fr. par kilomètre, pourvu que ces 2,500 fr. soient intégralement nécessaires pour balancer la portion des dépenses qui n'ont pas été garanties par l'État et le departement. D'ailleurs, jamais la dépense annuelle kilométrique ne saurait atteindre 6,500 fr. ; pour en arriver là, il faudrait un bien grand luxe d'exploitation ou que l'entretien annuel coûtât fort cher, ce qui dénoterait que la voie aurait été mal établie, chose impossible à craindre, l'Administration surveillant et recevant les travaux. Non-seulement la dépense annuelle kilométrique d'un tramway-vapeur bien construit n'atteindra pas 6,500 fr., mais, selon les hommes les plus compétents, elle sera dans la plupart des cas inférieure à 5,000 fr. et tombera souvent au-dessous de 4,500 francs. En Algérie, 5,000 fr. par kilomètre annuellement, seront un maximum rarement atteint et encore plus rarement dépassé. La moindre recette effacera toute la portion de dépenses qui ne serait pas garantie. La loi du 11 juin 1880 donne donc pleine sécurité aux capitaux, ils peuvent venir sans hésitation comme sans crainte à la nouvelle industrie, et c'est précisément le but que le Législateur désirait atteindre.

On trouve encore dans l'ensemble de la loi diverses dispositions, les unes réglant des questions secondaires, et les autres relatives à l'exécution des articles 27, 29 et 36 que nous venons d'examiner; nos lecteurs en prendront connaissance, nous n'avons rien à en dire. Ajoutons, cependant, que la loi assure à l'État, aux départements et aux communes le remboursement des sommes avancées par eux comme garantie, en disposant (art. 15) que, lorsque le produit brut des tramways permettrait de couvrir les dépenses d'exploitation et de servir un intérêt de *six pour cent* par an aux capitaux engagés, la moitié du surplus de la recette serait partagée entre l'État, le département ou, s'il y a lieu, la commune et les autres intéressés, dans la proportion des avances faites par chacun d'eux jusqu'à concurrence du complet remboursement de ces avances, mais sans intérêts.

III.

CONSÉQUENCES DE LA LOI EN FRANCE.

Ce que nous avons déjà dit sur la nécessité et l'utilité publique des *tramways à marchandises*, laisse à supposer ce que nous pourrions dire sur les conséquences de la nouvelle loi en France. Pour ne pas trop nous répéter, nous nous bornerons à rappeler la pensée qui a dicté cette loi, le but que le Législateur s'est proposé d'atteindre. Pensée et but ne font qu'un. Il s'agissait, avons-nous dit, d'aller chercher les produits industriels et agricoles là où ils naissent, pour les amener au plus bas prix possible au lieu de consommation ou de vente. La nouvelle loi aide puissamment à cette solution pourvu qu'elle soit largement appliquée dans son esprit comme dans sa lettre, par l'Administration et par les Concessionnaires de *tramways à marchandises.*

Dans cet ordre d'idée, ce qui est à la charge de l'Administration, c'est qu'elle fasse que l'État, les départements ou les communes soient prompts à accorder les concessions demandées et que le Conseil d'État ne perde pas de temps pour déclarer l'utilité publique de ces concessions lorsqu'elle lui sera démontrée. Du côté des Concessionnaires, il importe qu'ils établissent leur ligne et son exploitation, sans compromettre la sécurité publique, dans des conditions telles de bon marché qu'il suffise d'un trafic limité pour que les frais d'exploitation soient couverts et qu'une rémunération suffisante soit obtenue par les capitaux dépensés, de façon à dégager, dans le plus court délai possible, la garantie de l'État, du département ou de la commune. Avec un peu d'attention, un peu de travail et un peu de bonne volonté, tout cela sera facile aux Concessionnaires. Mais ils devront surtout éviter d'introduire dans leur Conseil des hommes aux idées semblables à celles des loups-cerviers, qui causèrent naguère en France la ruine des chemins de fer d'intérêt local ; ils se garderont aussi de mettre en oubli l'apologue du fabuliste, ils ne chercheront pas à imiter la grenouille « qui voulait égaler le bœuf en grosseur » — ils ne joueront pas aux grandes Compagnies !

A ces conditions, la France se couvrira rapidement de *tramways-vapeur à marchandises* et toutes les lacunes qui séparent encore les grandes voies ferrées de la production, se trouveront heureusement comblées. Une ère nouvelle s'ouvrira pour la France industrielle et agricole ; on verra se renouveler les merveilles des premiers chemins de fer. Là où la terre est laissée en friche, où les marécages envahissent le sol, où la mine est abandonnée, où les produits secondaires des fermes sont sans valeur, où l'agriculteur se demande s'il ne doit pas renoncer à la culture des céréales; là où le haut-fourneau menace de s'éteindre, où l'usinier ne sait plus s'il ne marche pas vers la faillite, la vie avec l'espérance reviendra : quelques francs de moins à dépenser par tonne pour les transports produiront ce miracle. Oui ! la réduction dans les prix de transports, la régularité et la rapidité de ces transports feront qu'il n'y aura plus de mauvaises terres, que le fermier trouvera une fortune dans les produits secondaires de sa ferme et dans ceux de son jardin fruitier jusque-là forcément abandonnés ou négligés, que l'agriculteur verra ses travaux récompensés, que les mines délaissées seront exploitées, que l'industrie métallurgique sera armée pour la lutte et que les usines alimentées de matières premières, exonérées de frais parasites, renaîtront à la prospérité.

Oui ! on peut l'affirmer : ce petit outil, ce chemin de fer sur routes, si dédaigné pendant quelque temps, fera tout cela dans un court délai, car il faut espérer que tous les Conseils généraux de France se mettront à l'œuvre pour aider les auteurs de projets sérieux à les mettre à exécution. Il faut mieux qu'espérer cela, on doit en avoir la certitude, ayant pour garant les efforts que, durant plus de deux années, les hommes éminents de tous les départements, ont fait pour assurer le succès de la loi Freycinet, celle du 11 juin 1880.

IV

APPLICATION ET CONSÉQUENCES DE LA LOI EN ALGÉRIE.

Tout ce qui a été dit en faveur des *Chemins de fer sur route (Tramway-vapeur voyageurs et marchandises)* et des services qu'ils sont appelés à rendre en France, est surtout vrai pour l'Algérie. Sans doute, il n'y a pas dans les départements algériens des fermes, des usines isolées, des villages en nombre aussi considérable que dans la Mère-Patrie ; mais on y rencontre des territoires infinis et fertiles, une population indigène nombreuse, vivant dans la misère à côté de l'abondance qu'elle laisse endormie. Que des voies de communication aux charrois rapides et réguliers s'établissent ! et ces terres se couvriront de moissons, et ces populations indigènes naîtront à la Civilisation Française, c'est à-dire au bien-être moral et matériel.

« Partout où le Rail pénètre, a-t-on dit avec raison, la colonisation naît. » On peut ajouter, avec autant de raison, que le Rail efface non-seulement les distances, mais qu'il fait disparaître les distinctions de race, qu'il rapproche des populations ennemies, les rend amies ; qu'il est entre les mains du Conquérant et à son profit un puissant assimilateur du peuple dompté : pourvu que ce victorieux ait apporté avec lui une civilisation supérieure et qu'il en fasse libéralement part au vaincu ; ce qui est la seule justification de sa conquête.

Lorsque Napoléon fit sillonner de routes superbes et solides le sol Vendéen, ce ne fut pas seulement dans le but d'assurer des communications militaires dans cette contrée, dont les habitant étaient alors d'implacables adversaires de la Révolution ; ce fut aussi pour que la Vendée fut promptement pénétrée de l'Esprit Français. Eh bien! ce pays—qui avait pendant plusieurs années tenu en échec les forces de la France Révolutionnaire — se trouva si bien transformé, grâce aux voies publiques dont il avait été doté, que vingt-cinq ans après sa gigantesque insurrection, dix-huit ans après sa soumission définitive devant la force— nomma en 1818, pour son représentant l'un des plus redoutables adversaires de la Contre-Révolution et des Bourbons : l'illustre Manuel.

En vérité, nous avions raison de le dire, les voies de communication ne sont pas seulement un puissant véhicule de civilisation matérielle : elles sont encore, elles sont surtout de puissants agents d'heureuses innovations dans les esprits, de progrès parmi les hommes.

*
* *

En Algérie, des routes ne suffisent pas pour faire naître et progresser la Civilisation Française chez les indigènes, il faut encore des Français ; il faut une *population apôtre* — qu'on nous pardonne l'expression, elle rend complètement notre pensée. — Il faut de nombreux colons venus de la Mère-Patrie qui, en travaillant, enseigneront l'art de travailler aux indigènes ; qui, en pensant tout haut, leur inculqueront peu à peu les pensées, les idées françaises, et en feront d'autres hommes en moins d'un quart de siècle. Mais pour accomplir cette œuvre, — nous pourrions dire cet apostolat — il faut que le colon ait terre et sécurité, il faut qu'il puisse pénétrer partout en Algérie, s'y mouvoir avec rapidité sans craindre de voir les voies de communication lui manquer tout à coup ; il faut qu'il puisse s'y installer, y travailler, y vivre, y mourir en paix, en laissant les fruits de son labeur à ses enfants qui continueront son œuvre, d'une façon consciente ou inconsciente, qu'importe !

Nous voulons croire que le gouvernement fait ou fera administrativement tout ce qui sera nécessaire pour le succès de l'œuvre civilisatrice de la France, telle que nous venons de l'indiquer ; ce n'est pas à nous à insister là-dessus. En ce qui nous concerne, nous n'avons qu'une pierre à apporter à l'édifice de la Puissance Française dans le Monde Musulman, et cette pierre, c'est l'œuvre des chemins de fer à bon marché, qui permettront de peupler rapidement les plaines et les vallées algériennes de *colons-cultivateurs* français, *missionnaires civils* qui assimileront à l'Esprit français, Arabes et Kabyles, en les faisant profiter des progrès accomplis par la France moderne. Et, qu'on le sache bien, le jour où l'Indigène algérien sera en état de comparer ce qu'il était jadis et ce que la France a fait de lui et pour lui, il sera le plus ardent défenseur de Notre Patrie dans le Monde Musulman. Il dira sous les Tropiques les bienfaits qu'il doit au pays des Francs ; il dira à la Mecque et jusqu'au fond de l'Asie que le *Roumi* français lui a donné terre et liberté, qu'il ne le pressure pas, qu'il le laisse jouir des fruits de son travail, que, vaincu, le vainqueur l'a fait son égal. Il dira encore qu'il adore son Dieu et qu'il sert Mahomet son Prophète, sans qu'on lui demande compte de ses actes de piété ; et ses paroles émouveront profondément les peuples musulmans qui se diront : — « Ils sont donc vraiment aimés et inspirés de Dieu ces Francs qui, autrefois, protégeaient les chrétiens alors que nous les persécutions et qui, aujourd'hui vainqueurs, secourent les serviteurs du Prophète dans le malheur ! » — et la France trouvera une grande force parmi ces nations musulmanes qui penseront ainsi.

On a décidé la construction en Algérie, d'un grand réseau de chemins de fer ordinaires à grande section, à marche rapide, ayant des stations fixes et une organisation administrative semblable à celle des grandes compagnies de chemins de fer en France. Une partie de ces chemins de fer est déjà livrée à la circulation ; une autre partie est en construction : il y a lieu d'espérer que, dans un très-petit nombre d'années, le réseau entier sera terminé. Mais cela ne peut suffire.

Les grandes lignes de chemins de fer algériens accompliront un puissant progrès ; cependant quelque considérable que sera leur œuvre, cette œuvre est forcément limitée à leur parcours, elle ne s'étendra que dans un rayon restreint autour de leurs stations fixes ; d'immenses territoires échapperont à leur action, la distance, le haut prix et la difficulté des transports en seront cause.

Pour que l'œuvre des chemins de fer algériens soit complète, il faut les rattacher par des tramways-vapeur, par de petits chemins de fer à bon marché, à l'intérieur du pays qu'ils traversent. Ces tramways-vapeur permettront la création de nombreux centres de population, de fermes plus nombreuses encore, l'exploitation de quantités de mines et de produits forestiers, le trafic des indigènes avec les grandes villes et les ports algériens.

Ce résultat sera obtenu sans de bien grands efforts, car partout où le tramway-vapeur sera établi, l'administration n'aura plus rien à faire, sinon à délivrer, gratuitement ou à prix indiqués à l'avance, des lots de terre, des concessions de mines ou d'exploitations forestières : les demandeurs seront en foule ! ils seront en foule parce que le tramway-vapeur leur économisera les deux tiers des dépenses d'installation et leur assurera une communication économique et prompte pour l'écoulement des produits de leur travail, ce qui, avec la sécurité, est l'essentiel.— Qu'est-ce qui pourrait donc désormais entraver la colonisation française de l'Algérie ? L'assimilation à l'Esprit Français des races indigènes ? — Rien, sinon l'égoïsme des privilégiés, mais cet égoïsme ne prévaudra pas contre la volonté de la nation française qui entend et veut que l'Algérie soit couverte de villages peuplés par des Français ; qui entend et veut que l'indigène algérien soit déclaré l'égal en droit du citoyen français, tout comme l'israélite l'a été naguère, lors des jours de malheur ! — c'est au Législateur à faire son œuvre, comme il a su la faire pour les *petits chemins de fer*.

V.

TYPE RATIONNEL D'UN TRAMWAY-VAPEUR A VOYAGEURS ET MARCHANDISES EN ALGÉRIE.

L'idée mère qui a présidé à la loi du 11 juin 1880, en ce qui touche les tramways-vapeur, a été d'utiliser les voies publiques pour établir des moyens de communication ferrés à vapeur, entre la production et la consommation, et de desservir ainsi, avec le moins de dépenses possible, les petites villes, les villages, les fermes, les usines semés sur les routes, partout où les chemins de fer ordinaires ne sauraient pénétrer fructueusement pour leurs actionnaires. Dans sa pensée, le Législateur atteignait ce but, car, en livrant les routes aux Tramways-vapeur, il exonérait ces nouveaux chemins de fer du coût des travaux d'art et de terrassements.

Cependant, lorsqu'il s'agit de produire un projet pour l'appliquer sur une route déterminée, on s'aperçut que les travaux d'art ne pourraient peut-être pas supporter le poids des trains à leur passage ; que les terrassements de la route laissaient à désirer, qu'il faudrait ça et là modifier les pentes et quelquefois sortir de la route. Cela fut surtout démontré en Algérie. Mais cette démonstration ne devait pas décourager les novateurs. Si les travaux d'art ne sont pas d'une solidité suffisante, — se sont-ils dit, — calculons le coût de leur consolidation, faisons de même pour les dépenses à faire pour modifier le profil des pentes et des rampes rebelles à la bonne marche des trains; s'il faut quitter la route pour la reprendre ensuite, voyons ce que cela coûtera, et après avoir totalisé toutes ces dépenses supplémentaires, examinons si ce surcroît de charges est assez considérable pour nous déterminer à abandonner notre projet, ou si notre projet n'a pas une importance telle qu'il ne nous permette de passer outre. Tout compte fait, on vit que les travaux supplémentaires élèveraient la dépense kilométrique de 25,000 francs à 35,000 francs, cela n'était pas exorbitant et l'on a passé outre.

En Algérie les routes laissent à désirer. On a fait beaucoup avec des ressources insuffisantes; c'est ce qu'on peut répondre à notre critique. Sans doute; mais il faut cependant reconnaître que la plupart des routes algériennes offrent peu de solidité, que leurs bas côtés se transforment en bourbier l'hiver; y installer des tramways à ornières de niveau avec la route, c'est s'engager dans des dépenses d'entretien sans limite et s'exposer à des accidents sans nombre. Il fallait donc trouver un type de voie qui parât à ces graves inconvénients. Dans ce but, l'auteur du projet du tramway de Bône à La Calle et Oum-Theboul, propose un type de voie qui satisfait aux besoins signalés et qui devrait être accepté pour toute l'Algérie.

D'après ce type, la voie serait établie en saillie sur un accotement de la route avec bordure en pierre dure du côté de la chaussée, et revers d'eau de quarante centimètres de largeur, en pierre de même nature que celle de la bordure.

Cette construction poserait la voie sur une sorte de trottoir surélevé de 17 centimètres par rapport à la route — l'écoulement des eaux serait assuré en pratiquant des barbacanes dans la bordure, selon les besoins — le fossé extérieur parfaitement entretenu, serait un drainage suffisant pour assurer en toute saison l'assèchement de la voie. La voie elle-même établie sur ballast et rails en acier Besmer, modèle Vignol, offrirait une solidité comparable aux chemins de fer ordinaires les mieux construits; enfin, ce type de tramway-vapeur, en outre de sa solidité, offre encore cet avantage qu'il fait disparaître la grande majeure partie des frais d'entretien et qu'il rend plus viable la route elle-même.

Le *type* de tramway qui vient d'être décrit satisfait à la partie matérielle du problème. Il faut trouver maintenant le *type du tramway-colonisateur*. Ce tramway doit avoir pour point de départ et d'arrivée un centre important d'où viendraient rapidement et économiquement les moyens de colonisation; — il doit avoir un long parcours et traverser un pays où des villages et des fermes puissent être installés, et cependant encore laisser un territoire suffisant aux indigènes qui deviendraient propriétaires individuellement; enfin, il doit trouver dans son parcours un trafic qui joint à celui que feraient surgir les centres à créer, permettra de couvrir, dans un bref délai, les dépenses d'exploitation, d'assurer au capital un intérêt minimum de 5 % par an, de manière à dégager l'État et le département de leur garantie, pour leur permettre de reporter cette garantie sur d'autres lignes. — Enfin, il faut que ce tramway-type puisse projeter des embranchements et développe ainsi la colonisation, en sorte qu'à un modeste intérêt de 5 °/₀ obtenu d'abord par son capital de fondation, il ajoute un supplément qui fasse d'une affaire utile à l'Algérie une brillante affaire pour ceux qui y auraient apportés leurs capitaux ; — et comme ces capitaux ne peuvent venir que de Paris, — cela se saura dans la Grande Cité et ne contribuera pas peu à l'affluence des capitaux parisiens dans les affaires algériennes.

Pour réaliser ce programme, on propose le tramway de Bône à La Calle et Oum-Theboul : les points d'arrivée et de départ ne sont pas des centres, mais deux villes, deux ports importants. Ces villes n'aideront pas seulement à la colonisation des territoires traversés, mais elles consommeront ou exporteront les produits agricoles et autres fournis par une contrée fertile où des centres existent déjà, où cinq ou six autres peuvent être créés, où l'indigène laborieux peut encore avoir une large place après toutes ces créations.

Sur une longueur de 93 kilomètres, le tramway Bône-La Calle se développe ; il pousse un embranchement sur le Kef-Oum-Theboul où il trouvera un appoint important pour son trafic. — Sur son parcours et au-delà, des embranchements sont indiqués par la nature des choses.

Il est constant, en outre, que ce tramway, dès sa troisième année, couvrira ses frais d'exploitation y compris le service d'un intérêt à 5 °/₀ l'an au capital engagé.

Tout ce qui vient d'être dit sur le tramway entre Bône, La Calle et Oum-Theboul est développé dans plusieurs mémoires joints à l'appui de la demande de concession. Ces mémoires seront imprimés et distribués lors de l'enquête qui sera prochainement ordonnée sur ce projet. Alors, chacun pourra se dire que le type de tramway pour l'Algérie, qui est proposé ici, a été bien choisi.

Ce qui milite encore en faveur du tramway Bône-La Calle et prolongements, c'est un avantage qui lui est particulier : Il consolidera du côté de la Tunisie la puissance française et complètera, non loin de la Méditerranée, l'œuvre si bien commencée par la voie qui part de Souk-Ahras.

LOI

relative aux Chemins de fer d'intérêt local et aux Tramways

PROMULGUÉE AU *Journal officiel* DU 12 JUIN 1880.

Le Sénat et la Chambre des députés ont adopté,

Le Président de la République promulgue la loi dont la teneur suit :

CHAPITRE Ier.

Chemins de fer d'intérêt local.

ARTICLE PREMIER. — L'établissement des chemins de fer d'intérêt local par les départements ou par les communes, avec ou sans le concours des propriétaires intéressés, est soumis aux dispositions suivantes.

ART. 2. — S'il s'agit de chemins à établir par un département, sur le territoire d'une ou de plusieurs communes, le conseil général arrête, après instruction préalable par le préfet et après enquête, la direction de ces chemins, le mode et les conditions de leur construction, ainsi que les traités et les dispositions nécessaires pour en assurer l'exploitation, en se conformant aux clauses et conditions du cahier des charges type approuvé par le conseil d'Etat, sauf les modifications qui seraient apportées par la convention et la loi d'approbation.

Si la ligne doit s'étendre sur plusieurs départements, il y aura lieu à l'application des articles 89 et 90 de la loi du 10 août 1871.

S'il s'agit de chemins de fer d'intérêt local à établir par une commune, sur son territoire, les attributions confiées au conseil général par le paragraphe 1er du présent article seront exercées par le conseil municipal dans les mêmes conditions et sans qu'il soit besoin de l'approbation du préfet.

Les projets de chemins de fer d'intérêt local départementaux ou communaux, ainsi arrêtés, sont soumis à l'examen du conseil général des ponts et chaussées et du conseil d'Etat. Si le projet a été arrêté par un conseil municipal, il est accompagné de l'avis du conseil général.

L'utilité publique est déclarée, et l'exécution est autorisée par une loi.

ART. 3. — L'autorisation obtenue, s'il s'agit d'un chemin de fer concédé par le conseil général, le préfet, après avoir pris l'avis de l'ingénieur en chef du département, soumet les projets d'exécution au conseil général qui statue définitivement.

Néanmoins, dans les deux mois qui suivent la délibération, le ministre des travaux publics, sur la proposition du préfet, peut, après avoir pris l'avis du conseil général des ponts et chaussées, appeler le conseil général du département à délibérer de nouveau sur lesdits projets

Si la ligne doit s'étendre sur plusieurs départements, et s'il y a désaccord entre les conseils généraux, le ministre statue.

S'il s'agit d'un chemin concédé par un conseil municipal, les attributions exercées par le conseil général, aux termes du paragraphe Ier du présent article, appartiennent au conseil municipal, dont la délibération est soumise à l'approbation du préfet.

Si un chemin de fer d'intérêt local doit emprunter le sol d'une voie publique, les projets d'exécution sont précédés de l'enquête prévue par l'article 29 de la présente loi.

Dans ce cas, sont également applicables les articles 34, 35, 37 et 38 ci-après.

Les projets de détail des ouvrages sont approuvés par le préfet sur l'avis de l'ingénieur en chef.

Art. 4. — L'acte de concession détermine les droits de péage et les prix de transport que le concessionnaire est autorisé à percevoir pendant toute la durée de sa concession.

Art. 5. — Les taxes perçues dans les limites du maximum fixé par le cahier des charges sont homologuées par le ministre des travaux publics, dans le cas où la ligne s'étend sur plusieurs départements, et dans le cas de tarifs communs à plusieurs lignes. Elles sont homologuées par le préfet dans les autres cas.

Art. 6. — L'autorité qui fait la concession a toujours le droit :

1° D'autoriser d'autres voies ferrées à s'embrancher sur des lignes concédées ou à s'y raccorder ;

2° D'accorder à ces entreprises nouvelles, moyennant le paiement des droits de péage fixés par le cahier des charges la faculté de faire circuler leurs voitures sur les lignes concédées ;

3° De racheter la concession aux conditions qui seront fixées par le cahier des charges ;

4° De supprimer ou de modifier une partie du tracé lorsque la nécessité en aura été reconnue après enquête.

Dans ces deux derniers cas, si les droits du concessionnaire ne sont pas réglés par un accord préalable ou par un arbitrage établi soit par le cahier des charges, soit par une convention postérieure, l'indemnité qui peut lui être due est liquidée par une commission spéciale formée comme il est dit au paragraphe 3 de l'article 11 de la présente loi.

Art. 7. — Le cahier des charges détermine :

1° Les droits et les obligations du concessionnaire pendant la durée de la concession ;

2° Les droits et les obligations du concessionnaire à l'expiration de la concession ;

3° Les cas dans lesquels l'inexécution des conditions de la concession peut entraîner la déchéance du concessionnaire, ainsi que les mesures à prendre à l'égard du concessionnaire déchu.

La déchéance est prononcée, dans tous les cas, par le ministre des travaux publics, sauf recours au conseil d'Etat par la voie contentieuse.

Art. 8. — Aucune concession ne pourra faire obstacle à ce qu'il soit accordé des concessions concurrentes, à moins de stipulation contraire dans l'acte de concession.

Art. 9. — A l'expiration de la concession, le concédant est substitué à tous les droits du concessionnaire sur les voies ferrées qui doivent lui être remises en bon état d'entretien.

Le cahier des charges règle les droits et les obligations du concessionnaire en ce qui concerne les autres objets mobiliers ou immobiliers servant à l'exploitation de la voie ferrée.

Art. 10. — Toute cession totale ou partielle de la concession, la fusion des concessions ou des administrations, tout changement de concessionnaire, la substitution de l'exploitation directe à l'exploitation par concession, l'élévation des tarifs au-dessus du maximum fixé, ne pourront avoir lieu qu'en vertu d'un décret délibéré en conseil d'Etat, rendu sur l'avis conforme du conseil général, s'il s'agit de lignes concédées par les départements, ou du conseil municipal, s'il s'agit de lignes concédées par les communes.

Les autres modifications pourront être faites par l'autorité qui a consenti la concession : s'il s'agit de lignes concédées par les départements, elles seront faites par le conseil général statuant conformément aux articles 48 et 49 de la loi du 10 août 1871 ; s'il s'agit de lignes concédées par les communes, elles seront faites par le conseil municipal dont la délibération devra être approuvée par le Préfet.

En cas de cession, l'inobservation des conditions qui précèdent entraîne la nullité et peut donner lieu à la déchéance.

Art. 11. — A toute époque, une voie ferrée peut être distraite du domaine public départemental ou communal et classée par une loi dans le domaine de l'Etat.

Dans ce cas, l'Etat est substitué aux droits et obligations du département ou de la commune, à l'égard des entrepreneurs ou concessionnaires, tels que ces droits et obligations résultent des conventions légalement autorisées.

En cas d'éviction du concessionnaire, si ses droits ne sont pas réglés par un accord préalable ou par un arbitrage établi, soit par le cahier des charges, soit par une convention postérieure, l'indemnité qui peut lui être due est liquidée par une commission spéciale qui fonctionne dans les conditions réglées par la loi du 29 mai 1845. Cette commission sera instituée par un décret et composée de neuf membres, dont trois désignés par le ministre des travaux publics, trois par le concessionnaire et trois par l'unanimité des six membres déjà désignés ; faute par ceux-ci de s'entendre dans le mois de la notification à eux faite de leur nomination, le choix de ceux des trois membres qui n'auront pas été désignés à l'unanimité sera fait par le premier président et les présidents réunis de la cour d'appel de Paris.

En cas de désaccord entre l'Etat et le département ou la commune, les indemnités ou dédommagements qui peuvent être dus par l'Etat sont déterminés par un décret délibéré en Conseil d'Etat.

ART. 12. — Les ressources créées en vertu de la loi du 21 mai 1836 peuvent être appliquées, en partie, à la dépense des voies ferrées, par les communes qui ont assuré l'exécution de leur réseau subventionné et l'entretien de tous les chemins classés.

ART. 13. — Lors de l'établissement d'un chemin de fer d'intérêt local, l'Etat peut s'engager, en cas d'insuffisance du produit brut pour couvrir les dépenses de l'exploitation et cinq pour cent (5 p. 100) par an du capital de premier établissement, tel qu'il a été prévu par l'acte de concession, augmenté, s'il y a lieu, des insuffisances constatées pendant la période assignée à la construction par ledit acte, à subvenir pour partie au payement de cette insuffisance, à la condition qu'une partie au moins équivalente sera payée par le département ou par la commune, avec ou sans le concours des intéressés.

La subvention de l'Etat sera formée : 1° d'une somme fixe de cinq cents francs (500 fr.) par kilomètre exploité ; 2° du quart de la somme nécessaire pour élever la recette brute annuelle (impôts déduits) au chiffre de dix mille fr. (10,000 fr.) par kilomètre pour les lignes établies de manière à recevoir les véhicules des grands réseaux ; huit mille francs (8,000 fr.) pour les lignes qui ne peuvent recevoir ces véhicules.

En aucun cas, la subvention de l'Etat ne pourra élever la recette brute au-dessus de dix mille cinq cents francs (10,500 fr.) et de huit mille cinq cents francs (8,500 fr.), suivant les cas, ni attribuer au capital de premier établissement plus de cinq pour cent (5 p. 100) par an.

La participation de l'Etat sera suspendue quand la recette brute annuelle atteindra les limites ci-dessus fixées.

ART. 14. — La subvention de l'Etat ne peut être accordée que dans les limites fixées, pour chaque année, par la loi de finances.

La charge annuelle imposée au Trésor en exécution de la présente loi ne peut, en aucun cas, dépasser quatre cent mille francs (400,000 fr.) pour l'ensemble des lignes situées dans un même département.

Art. 15. — Dans le cas où le produit brut de la ligne pour laquelle une subvention a été payée devient suffisant pour couvrir les dépenses d'exploitation et six pour cent (6 p. 100) par an du capital de premier établissement, tel qu'il est prévu par l'article 13, la moitié du surplus de la recette est partagée entre l'Etat, le département, ou, s'il y a lieu, la commune et les autres intéressés, dans la proportion des avances faites par chacun d'eux, jusqu'à concurrence du complet remboursement de ces avances, sans intérêts.

Art. 16. — Un règlement d'administration publique déterminera :

1° Les justifications à fournir par les concessionnaires pour établir les recettes et les dépenses annuelles ;

2° Les conditions dans lesquelles seront fixés, en exécution de la présente loi, le chiffre de la subvention due par l'Etat, le département ou les communes ; et, lorsqu'il y aura lieu, la part revenant à l'Etat, au département, aux communes ou aux intéressés, à titre de remboursement de leurs avances sur le produit net de l'exploitation.

Art. 17. — Les chemins de fer d'intérêt local qui reçoivent ou ont reçu une subvention du Trésor peuvent seuls être assujettis envers l'Etat à un service gratuit ou à une réduction du prix des places.

Art. 18. — Aucune émission d'obligation, pour les entreprises prévues par la présente loi, ne pourra avoir lieu qu'en vertu d'une autorisation donnée par le ministre des travaux publics, après avis du ministre des finances

Il ne pourra être émis d'obligations pour une somme supérieure au montant du capital-actions, qui sera fixé à la moitié au moins de la dépense jugée nécessaire pour le complet établissement et la mise en exploitation de la voie ferrée. Le capital-actions devra être effectivement versé, sans qu'il puisse être tenu compte des actions libérées ou à libérer autrement qu'en argent.

Aucune émission d'obligations ne doit être autorisée avant que les quatre cinquièmes du capital-actions aient été versés et employés en achat de terrains, approvisionnements sur place ou en dépôt de cautionnement.

Toutefois, les concessionnaires pourront être autorisés à émettre des obligations, lorsque la totalité du capital-actions aura été versée, et s'il est dûment justifié que plus de la moitié de ce capital-actions a été employée dans les termes du paragraphe précédent ; mais les fonds provenant de ces émissions anticipées devront être déposés à la caisse des dépôts et consignations et ne pourront être mis à la disposition des concessionnaires que sur l'autorisation formelle du ministre des travaux publics.

Les dispositions des paragraphes 2, 3 et 4 du présent article ne seront pas applicables dans le cas où la concession serait faite à une compagnie déjà concessionnaire d'autres chemins de fer en exploitation, si le ministre des travaux publics reconnait que les revenus nets de ces chemins sont suffisants pour assurer l'acquittement des charges résultant des obligations à émettre.

Art. 19. — Le compte-rendu détaillé des résultats de l'exploitation, comprenant les dépenses d'établissement et d'exploitation et les recettes brutes, sera remis tous les trois mois, pour être publié, au préfet, au président de la commission départementale et au ministre des travaux publics.

Le modèle des documents à fournir sera arrêté par le ministre des travaux publics.

Art. 20. — Par dérogation aux dispositions de la loi du 15 juillet 1845 sur la police des chemins de fer, le préfet peut dispenser de poser des clôtures sur tout ou partie de la voie ferrée ; il peut également dispenser de poser des barrières au croisement des chemins peu fréquentés.

Art. 21. — La construction, l'entretien et les réparations des voies ferrées avec leurs dépendances, l'entretien du matériel et le service de l'exploitation sont soumis au contrôle et à la surveillance des préfets sous l'autorité du ministre des travaux publics.

Les frais de contrôle sont à la charge du concessionnaire. Ils seront réglés par le cahier des charges ou, à défaut, par le préfet, sur l'avis du conseil général, et approuvés par le ministre des travaux publics.

Art. 22. — Les dispositions de l'article 20 de la présente loi sont également applicables aux concessions de chemins de fer industriels destinés à desservir des exploitations particulières.

Art. 23. — Sur la proposition des conseils généraux ou municipaux intéressés, et après adhésion des concessionnaires, la substitution, aux subventions en capital promises en exécution de l'article 5 de la loi de 1865, de la subvention en annuités stipulée par la présente loi, pourra, par décret délibéré en conseil d'Etat, être autorisée en faveur des lignes d'intérêt local actuellement déclarées d'utilité publique et non encore exécutées.

Ces lignes seront soumises dès lors à toutes les obligations résultant de la présente loi.

Il n'y aura pas lieu de renouveler les concessions consenties ou les mesures d'instruction accomplies avant la promulgation de la présente loi, si toutes les formalités qu'elle prescrit ont été observées par avance.

Art. 24. — Toutes les conventions relatives aux concessions et rétrocessions de chemins de fer d'intérêt local, ainsi que les cahiers des charges annexés, ne seront passibles que du droit d'enregistrement fixe de un franc.

Art. 25. — La loi du 12 juillet 1865 est abrogée.

CHAPITRE II.

Tramways.

Art. 26. — Il peut être établi sur les voies dépendant du domaine public de l'Etat, des départements ou des communes, des tramways ou voies ferrées à traction de chevaux ou de moteurs mécaniques.

Ces voies ferrées, ainsi que les déviations accessoires construites en dehors du sol des routes et chemins et classées comme annexes, sont soumises aux dispositions suivantes.

Art. 27. — La concession est accordée par l'Etat lorsque la ligne doit être établie, en tout ou en partie, sur une voie dépendant du domaine de l'Etat.

Cette concession peut être faite aux villes ou aux départements intéressés avec faculté de rétrocession.

La concession est accordée par le conseil général, au nom du département, lorsque la voie ferrée, sans emprunter une route nationale, doit être établie, en tout ou en partie, soit sur une route départementale, soit sur un chemin de grande communication ou d'intérêt commun, ou doit s'étendre sur le territoire de plusieurs communes.

Si la ligne doit s'étendre sur plusieurs départements, il y aura lieu à l'application des articles 89 et 90 de la loi du 10 août 1871.

La concession est accordée par le conseil municipal, lorsque la voie ferrée est établie entièrement sur le territoire de la commune et sur un chemin vicinal ordinaire ou sur un chemin rural.

Art. 28. — Le département peut accorder la concession à l'Etat ou à une commune avec faculté de rétrocession, une commune peut agir de même à l'égard de l'Etat ou du département.

Art. 29. — Aucune concession ne peut être faite qu'après une enquête dans les formes déterminées par un réglement d'administration publique et dans laquelle les conseils généraux des départements et les conseils municipaux des communes dont la voie doit traverser le territoire seront entendus, lorsqu'il ne leur appartiendra pas de statuer sur la concession,

L'utilité publique est déclarée et l'exécution est autorisée par décret délibéré en conseil d'Etat, sur le rapport du ministre des travaux publics, après avis du ministre de l'intérieur.

Art. 30. — Toute dérogation ou modification apportée aux clauses du cahier des charges type, approuvé par le conseil d'Etat, devra être expressément formulée dans les traités passés au sujet de la concession, lesquels seront soumis au conseil d'Etat et annexés au décret.

Art. 31. — Lorsque, pour l'établissement d'un tramway, il y aura lieu à expropriation, soit pour l'élargissement d'un chemin vicinal, soit pour l'une des déviations prévues à l'article 26 de la présente loi, cette expropriation pourra être opérée conformément à l'article 16 de la loi du 21 mai 1836, sur les chemins vicinaux, et à l'article 2 de la loi du 8 juin 1864.

Art. 32. — Les projets d'exécution sont approuvés par le ministre des travaux publics, lorsque la concession est accordée par l'Etat.

Les dispositions de l'article 3 sont applicables lorsque la concession est accordée par un département ou par une commune.

Art. 33. — Les taxes perçues dans les limites du maximum fixé par l'acte de concession sont homologuées par le ministre des travaux publics, dans le cas où la concession est faite par l'Etat, et par le préfet dans les autres cas.

Art. 34. — Les concessionnaires de tramways ne sont pas soumis a l'impôt des prestations établi par l'article 3 de la loi du 21 mai 1836, à raison des voitures et des bêtes de trait exclusivement employées à l'exploitation du tramway.

Les départements ou les communes ne peuvent exiger des concessionnaires une redevance ou un droit de stationnement qui n'aurait pas été stipulé expressément dans l'acte de concession.

Art. 35. — A l'expiration de la concession l'administration peut exiger que les voies ferrées qu'elle avait concédées soient supprimées en tout ou en partie, et que les voies publiques et leurs déviations lui soient remises en bon état de viabilité aux frais du concessionnaire.

Art. 36. — Lors de l'établissement d'un tramway desservi par des locomotives et destiné au transport des marchandises en même temps qu'au transport des voyageurs, l'Etat peut s'engager, en cas d'insuffisance du produit brut pour couvrir les dépenses d'exploitation et cinq pour cent (5 p. 100) par an du capital d'établissement tel qu'il a été prévu par l'acte de concession et augmenté, s'il y a lieu, des insuffisances constatées pendant la période assignée à la construction par ledit acte, à subvenir, pour partie, au payement de cette insuffisance à condition qu'une partie au moins équivalente sera payée par le département ou par la commune avec ou sans le concours des intéressés.

La subvention de l'Etat sera formée : 1° d'une somme fixe de cinq cents francs (500 fr.) par kilomètre exploité ; 2° du quart de la somme nécessaire pour élever la recette brute annuelle (impôts déduits), au chiffre de six mille francs (6,000 fr.) par kilomètre.

En aucun cas, la subvention de l'Etat ne pourra élever la recette brute au-dessus de six mille cinq cents francs (6,500 fr.) ni attribuer au capital de premier établissement plus de cinq pour cent (5 p. 100) par an.

La participation de l'Etat sera suspendue de plein droit quand les recettes brutes annuelles atteindront la limite ci-dessus fixée.

Art. 37. — La loi du 15 juillet 1845, sur la police des chemins de fer, est applicable aux tramways, à l'exception des articles 4, 5, 6, 7, 8, 9 et 10.

Art. 38. — Un règlement d'administration publique déterminera les mesures nécessaires à l'exécution des dispositions qui précèdent et notamment :

1° Les conditions spéciales auxquelles doivent satisfaire, tant pour leur construction que pour la circulation des voitures et des trains, les voies ferrées dont l'établissement sur le sol des voies publiques aura été autorisé ;

2° Les rapports entre le service de ces voies ferrées et les autres services intéressés.

Art. 39. — Sont applicables aux tramways, les dispositions des articles 4, 6 à 12, 14 à 19, 21 et 24 de la présente loi.

La présente loi, délibérée et adoptée par le Sénat et par la Chambre des députés, sera exécutée comme loi de l'Etat.

Fait à Paris, le 11 juin 1880.

Jules GRÉVY.

Par le Président de la République :

Le ministre des travaux publics,

H. VARROY.

TABLE DES MATIÈRES.

Erratum. — Page 7, ligne 19, *au lieu de* on en a guère parlé, *lire* on n'en a guère parlé.

Bône. — Typ. Alexandre Carle, place Caraman.

www.ingramcontent.com/pod-product-compliance
Ingram Content Group UK Ltd.
Pitfield, Milton Keynes, MK11 3LW, UK
UKHW022149170726
13837UKWH00004B/1883